This book belongs to

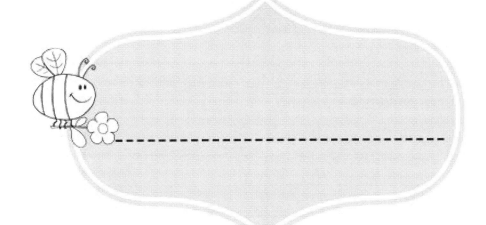

Spain - French

puerta 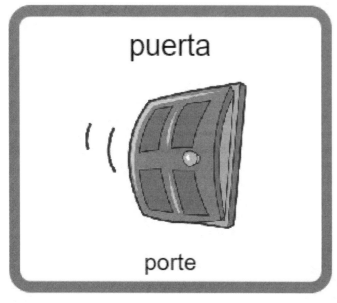 porte	cuerpo  corps
antorcha  torche	jaula 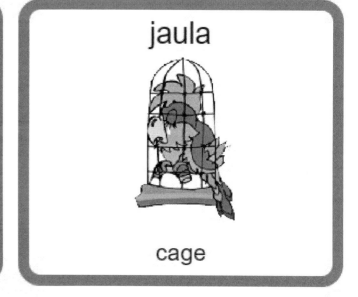 cage
sombrero  chapeau	cactus 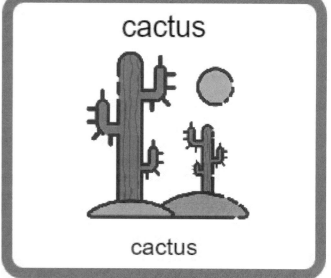 cactus

cangrejo  crabe	lobo  loup
bandeja  plateau	líderes  dirigeants
dientes 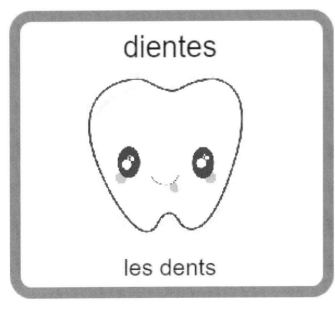 les dents	pescar  pêche

piano 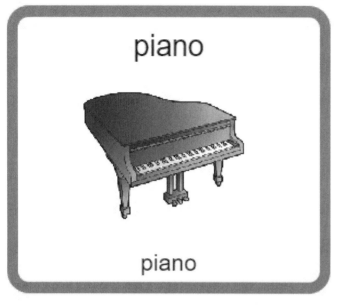 piano	carta 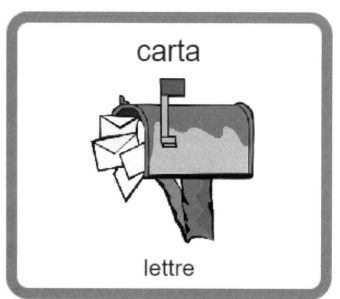 lettre
granada  grenade	equipo  équipe
cola  queue	escalera  échelle

disfrutar  prendre plaisir	mermelada 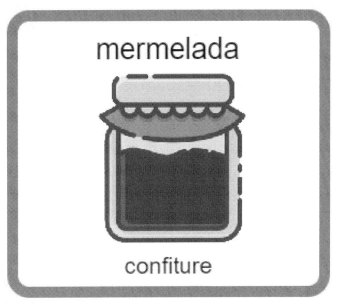 confiture
jugar  jouer	beber  boisson
carretilla 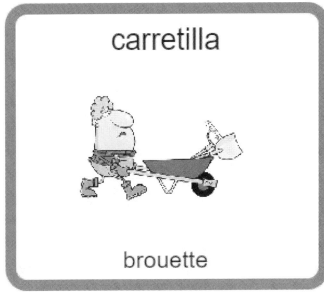 brouette	escritorios 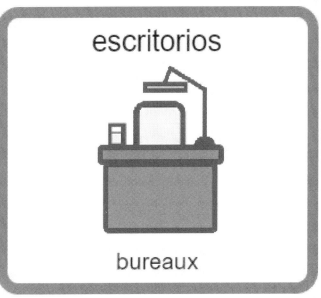 bureaux

bola 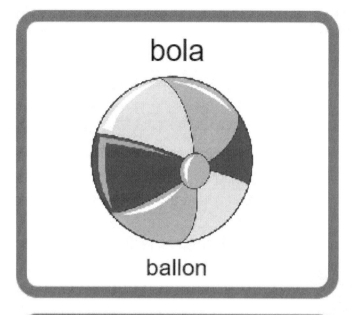 ballon	chorizo  saucisse
taza para té  tasse à thé	brócoli 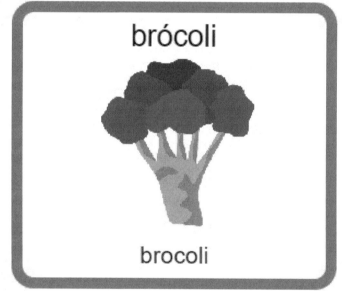 brocoli
chícharos 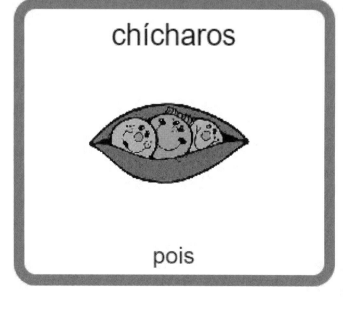 pois	apestoso 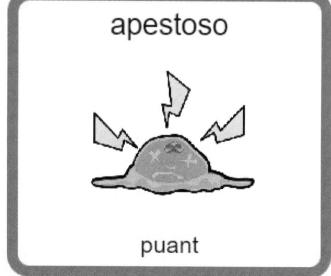 puant

mancuernas	cachorro

haltères	lionceau

otoños	madre

les automnes	mère

dom	tapas

soleil	les couvercles

viento  vent	zapatillas 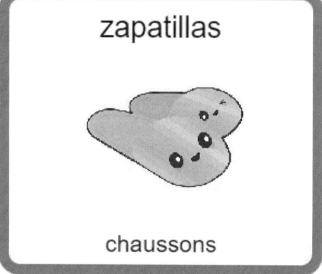 chaussons
peine 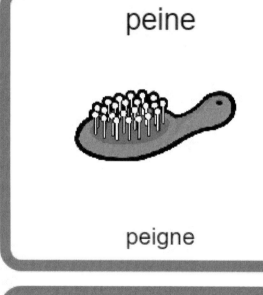 peigne	nueve  neuf
juegos 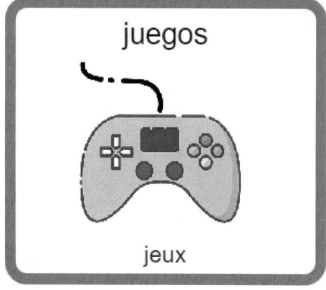 jeux	amor  amour

refugios  des abris	muñeca  poupée
gato  chat	cabra  chèvre
cavar  creuser	lentes  des lunettes

mojado  humide	papelera  poubelle
codo  coude	vaca 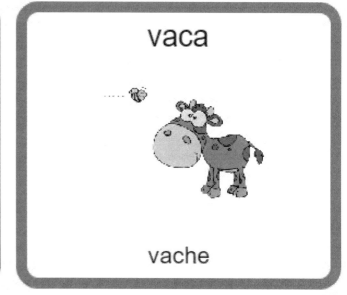 vache
sofá 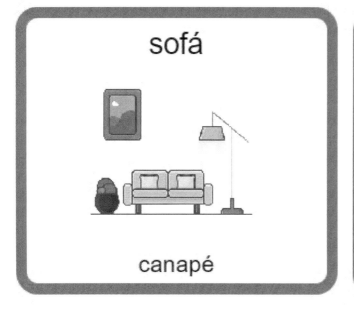 canapé	ardillas  écureuils

suciedad	gallina

saleté	poule

gerente	ciervo
	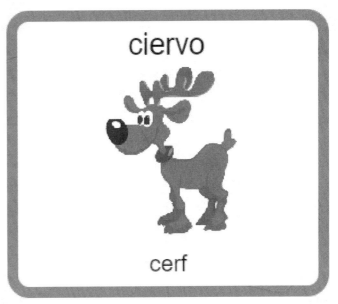
directeur	cerf

billetera	brazo
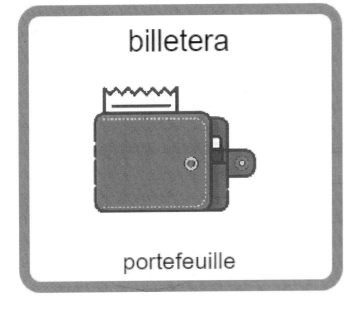	
portefeuille	bras

berenjenas	chocolate
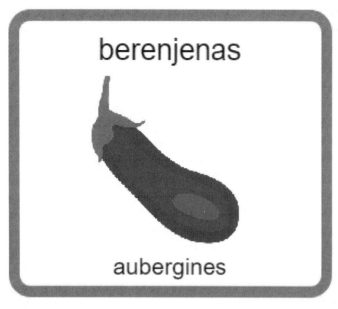	
aubergines	chocolat

flor	coco
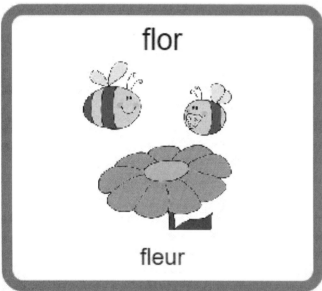	
fleur	noix de coco

chimenea	padre

cheminée	père

insecto 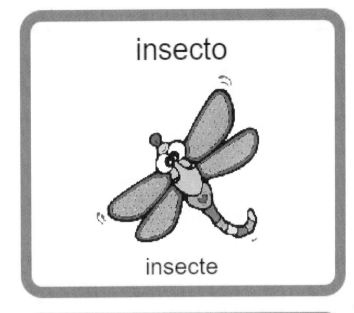 insecte	buitre  vautour
caras  visages	pingüino  manchot
cisne 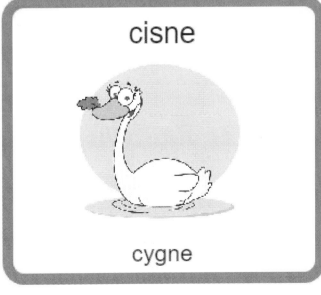 cygne	vestidos  les robes

lápices de color

des crayons

whisky

whisky

profesor

prof

coala

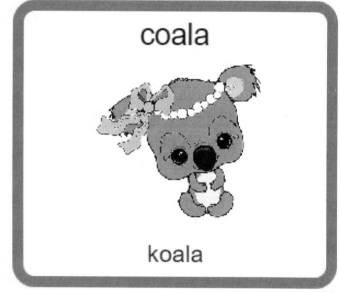

koala

herir

blesser

cocina

cuisine

leyendo  lis	tímido  timide
autobús 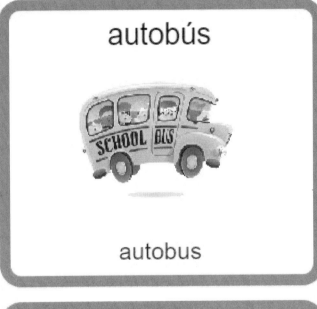 autobus	niños  les enfants
reina  reine	miel 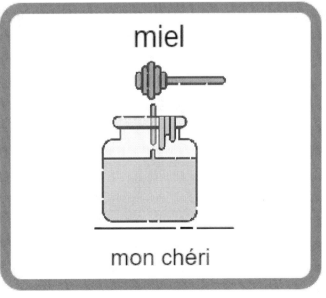 mon chéri

cama 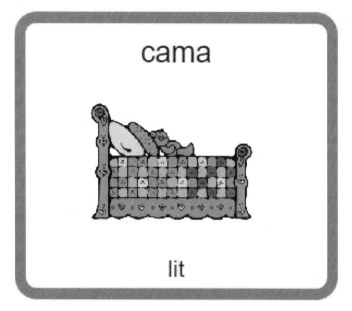 lit	estufa 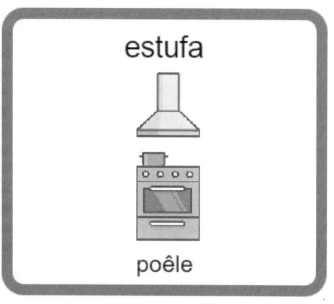 poêle
fresa  fraise	limón  citron
circulo 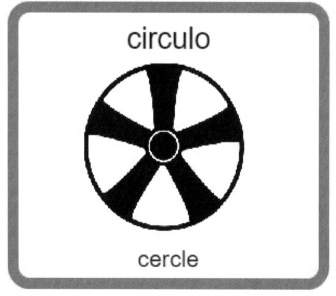 cercle	aguacate 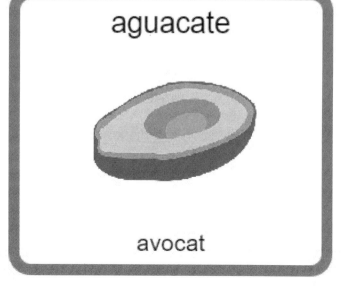 avocat

tortuga

tortue

paquete

paquet

martillo

marteau

licuadora

mixeur

hierba

herbe

colegio

école

cadera  hanche	perro  chien
tazas  tasses	cesta 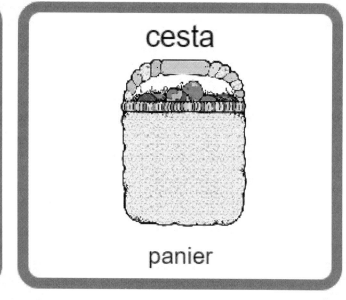 panier
puente  pont	camiones  les camions

pelícano 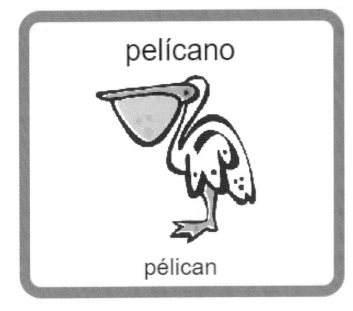 pélican	amigo  ami
coche  voiture	habitación  chambre
paraguas 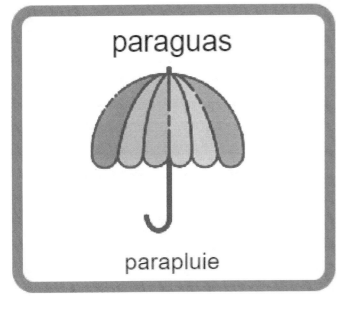 parapluie	princesa  princesse

tambor 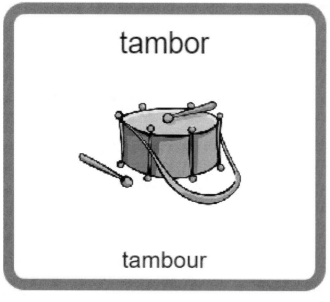 tambour	abeja  abeille
bolso  sac	tracción  tirant
cero 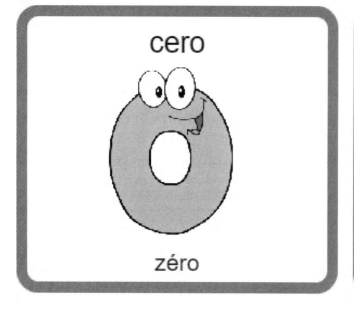 zéro	cuatro 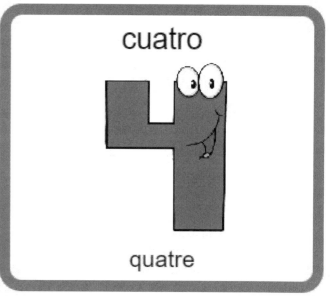 quatre

servicio  portion	tallarines  nouilles
la marmota  marmotte	pares  paires
lápiz labial 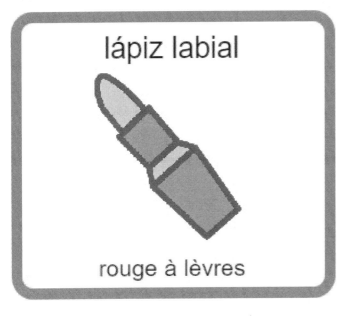 rouge à lèvres	nieve  neige

linterna 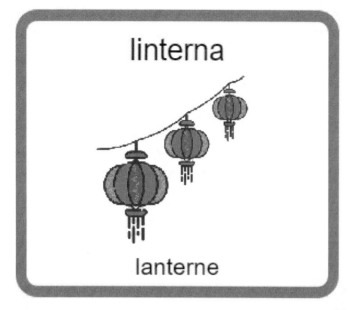 lanterne	alfiler 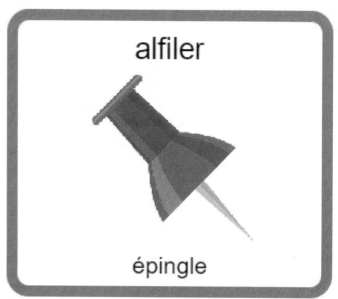 épingle
reno  renne	partido  fête
café  café	velas  bougies

bonita  joli	jabali  sanglier
cuello  cou	ángel  ange
noche  nuit	ensalada  salade

piernas  jambes	saltar  saut
cuchillo 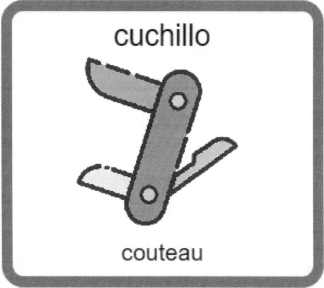 couteau	perlas  perles
hoja 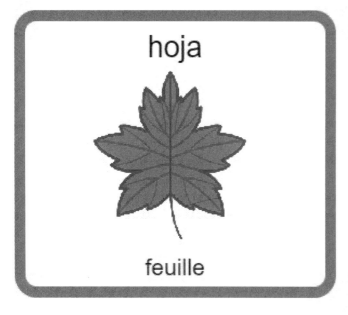 feuille	limpiar  nettoyer

queso  fromage	calle  rue
mochila 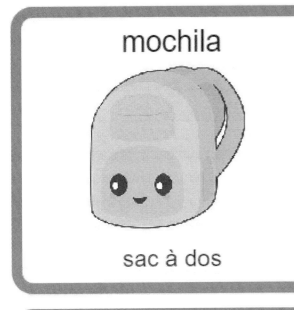 sac à dos	malo  mal
unicornio  licorne	arriba  en haut

arco iris  arc en ciel	mensaje 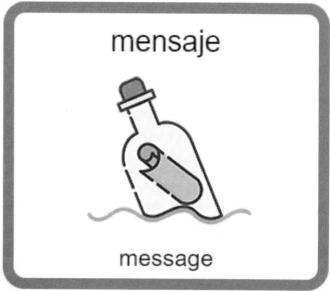 message
sesos  cerveaux	hola  bonjour
palas 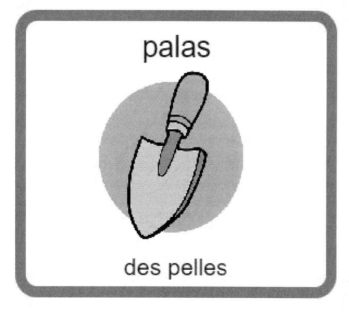 des pelles	cometa 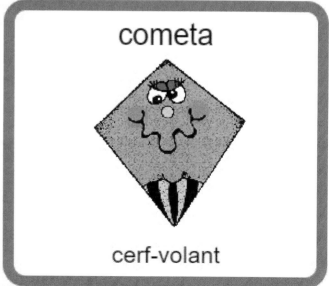 cerf-volant

caballo

cheval

iglesia

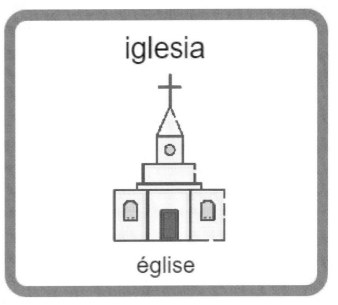

église

podio

podium

vaso

tasse

mariposa

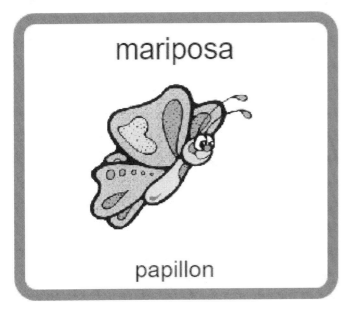

papillon

manzana

pomme

bellotas  glands	niñito  les tout-petits
enfermera  infirmière	flechas 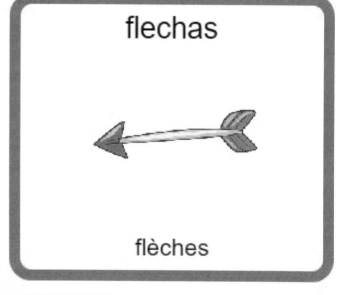 flèches
neumático  pneu	tejer  tricot

pomelo 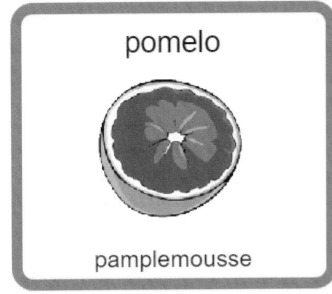 pamplemousse	**granja**  ferme
brocha 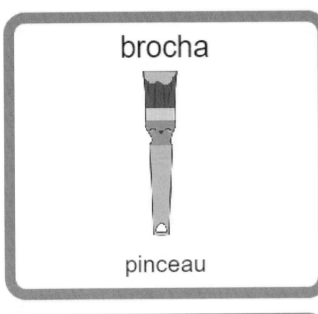 pinceau	**pistola** 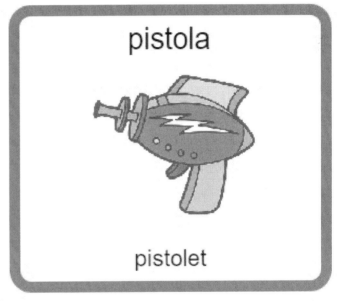 pistolet
despierta  réveillez-vous	**cohete** 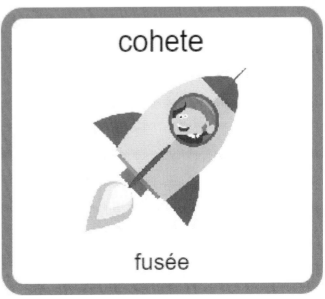 fusée

ciencia 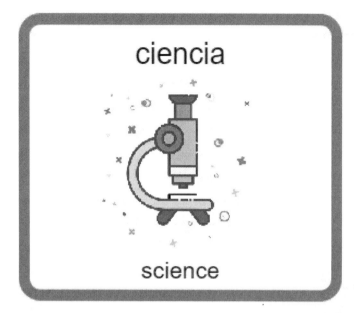 science	puerco espín  porc-épic
ruidoso  bruyant	espátula  spatule
insecto  punaise	chupetes  sucettes

isla  île	ballena  baleine
mandarina 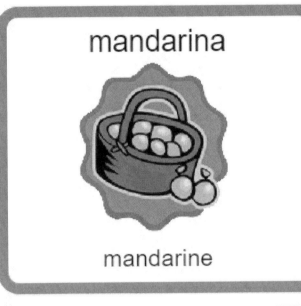 mandarine	soñoliento  somnolent
árbol  arbre	los niños  des gamins

sapo  crapaud	huevos  des œufs
salsa de tomate  ketchup	cena  dîner
taxi  taxi	caballero 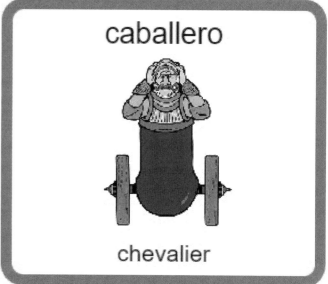 chevalier

mapas 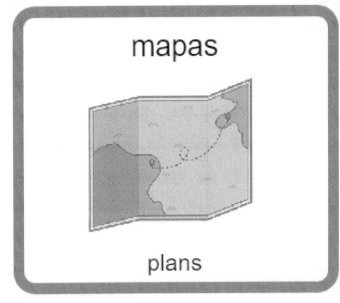 plans	mofetas  les moufettes
músico  musicien	cocinero  chef
jarra 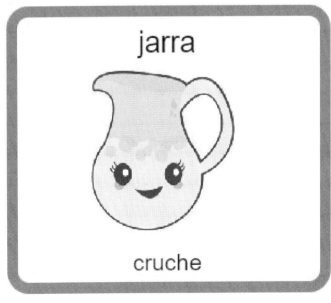 cruche	de miedo  effrayant

águila

aigle

gatito

chaton

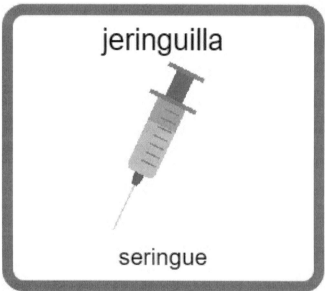

jeringuilla

seringue

dos

deux

oso

ours

cuna

lit bébé

examen	esteras

quiz	tapis

patata	ojo

patate	œil

jardín	fuerte

jardin	fort

pizza  pizza	mucama  servante
linda  mignonne	ancla  ancre
juguete  jouet	lápiz  crayon

camareros	hogar

les serveurs	cheminée

hormiga	correr

fourmi	courir

planchado	hueso

repassage	os

delfín 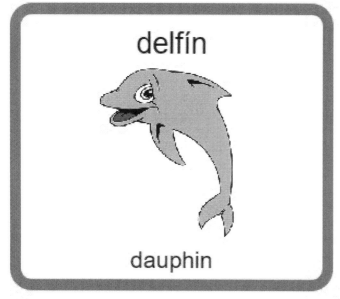 dauphin	**mordedura**  mordre
diez  dix	**vaquero**  cow-boy
pegamento  la colle	**pájaro**  oiseau

agua	alfombra
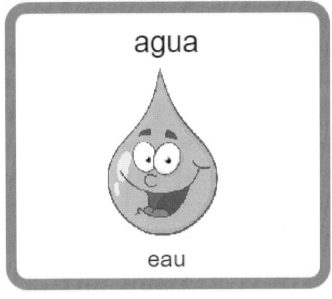	
eau	tapis

bicicleta	museo
	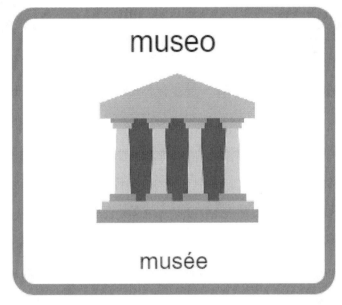
bicyclette	musée

jeeps	arete
	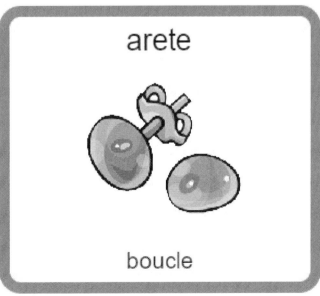
jeeps	boucle

fuego  feu	hexágono 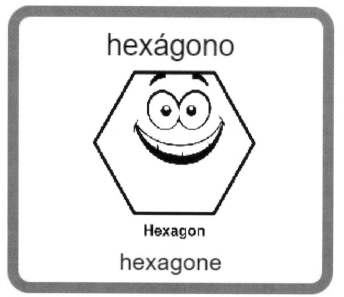 hexagone
entrega  livraison	chile  le chili
suelo  sol	uno  un

camello

chameau

sirena
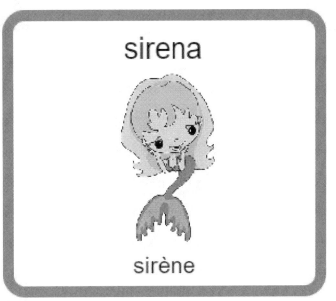
sirène

robar

rob

campana
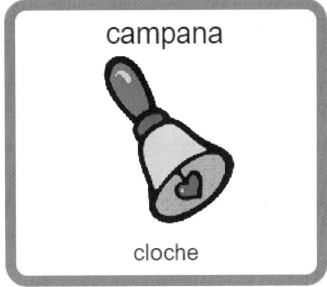
cloche

topo

môle

abrazo

étreinte

los males  maux	**botella** 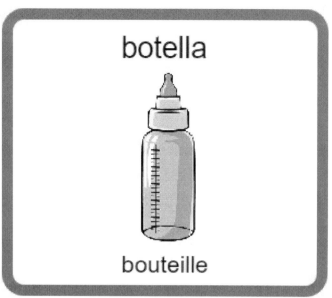 bouteille
debajo  sous	**bosquejo**  esquisser
trueno  tonnerre	**gallo**  coq

nueces 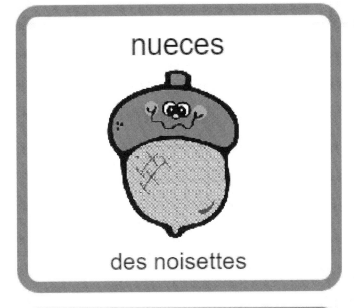 des noisettes	compras  achats
suelo  sol	pintar  peindre
libro  livre	carnicero  boucher

telescopio 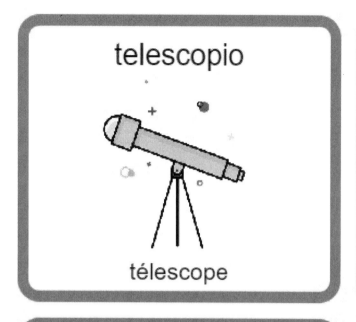 télescope	nabo  navet
rocas 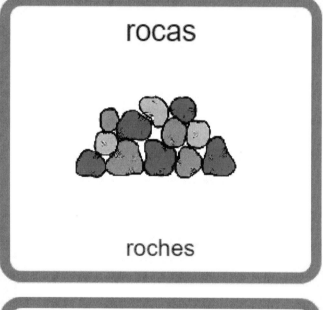 roches	soda  un soda
hospital 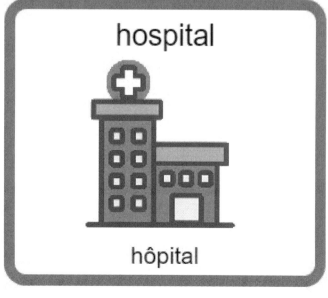 hôpital	conducción  conduite

ratones	hermana

des souris	sœur

números	pelo

nombres	cheveux

premios	vacuna
	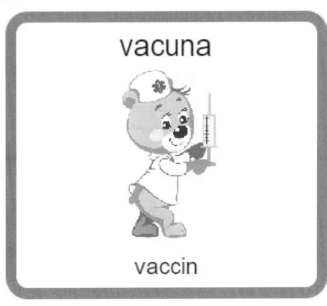
prix	vaccin

alegre  joyeux	calendario 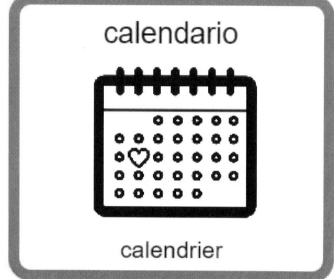 calendrier
tomate  tomate	mañana  matin
el respeto  le respect	collares 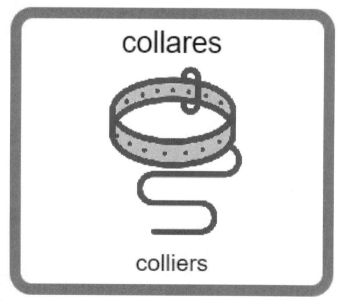 colliers

cangilón  seau	**madera**  bois
lamparas  les lampes	**capa** 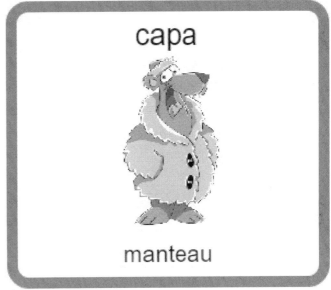 manteau
tijeras  les ciseaux	**elegante**  élégant

nadando  nager	**bolígrafo**  stylo
carrera  course	**muelle** 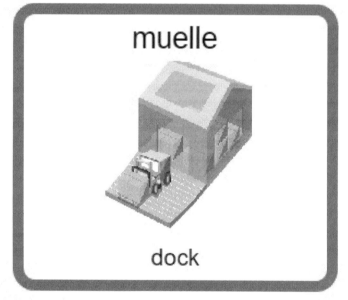 dock
galleta 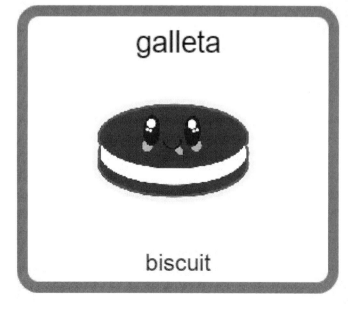 biscuit	**caliente** 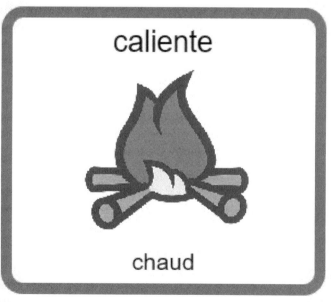 chaud

plátano 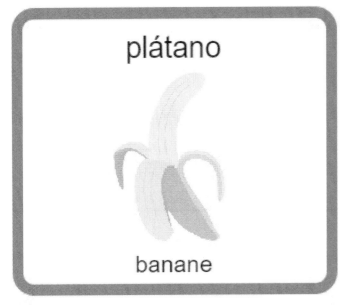 banane	caracol 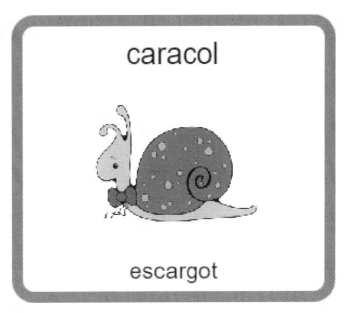 escargot
pregunta  question	frijol  haricot
disminución 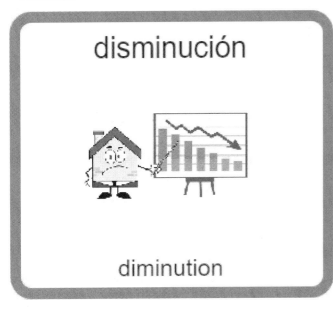 diminution	pudín  pudding

golf  le golf	sandía 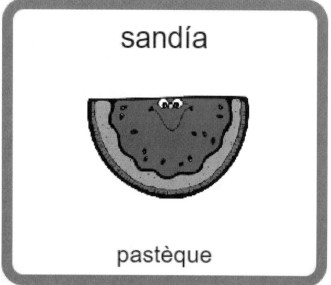 pastèque
oveja  mouton	estacas 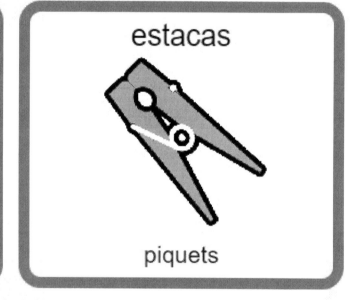 piquets
bañera  baignoire	casco 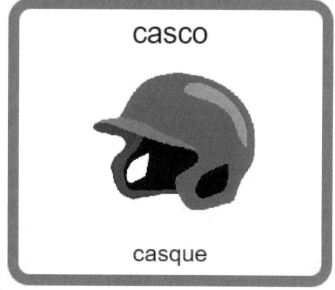 casque

papel  papier	chaqueta  veste
risa  rire	día  journée
sonar  du son	caja  boîte

barril

baril

utensilios

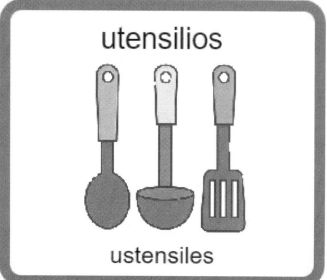

ustensiles

comer

manger

plantas

les plantes

papá

papa

niña

fille

brujas  les sorcières	motos  scooters
filete  steak	saltando  sautillant
sonreír  sourire	falda  jupe

pollitos  poussins	estantería  étagère à livres
rosa 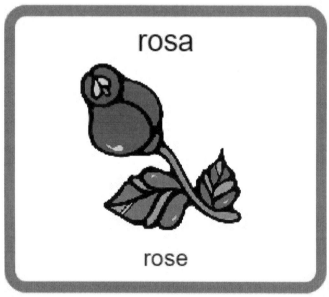 rose	suéteres  chandails
arrodillado  a genou	detener  arrêtez

fotógrafo	naranja
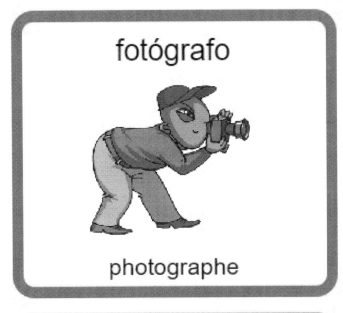	
photographe	orange

dado	ostra
	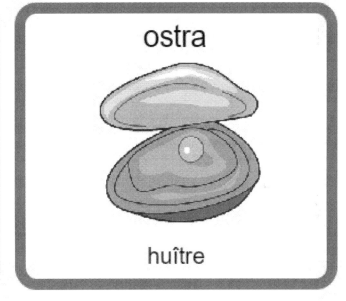
dé	huître

dinero	boca

argent	bouche

enojado  furieux	**té**  thé
semillas  des graines	**ballon**  ballon
tirando 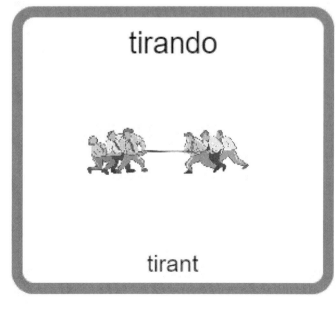 tirant	**pañuelo** 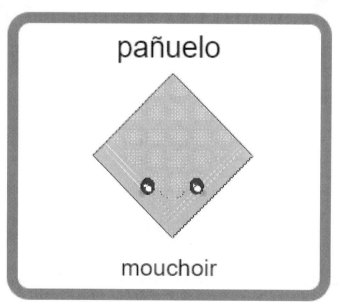 mouchoir

montañas  les montagnes	bombas  des bombes
dibujo  dessin	panadero  boulanger
aplaudir  taper	artista  artiste

reunirse 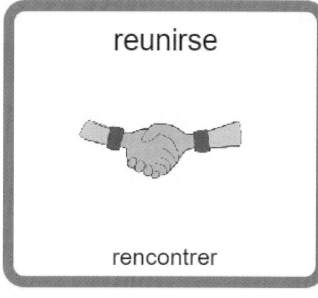 rencontrer	peluca  perruque
cebolla 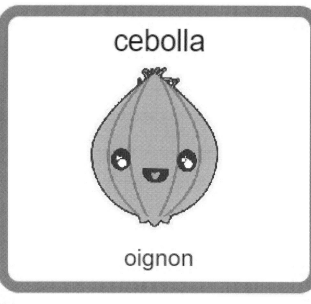 oignon	firma  signature
turbante  turban	horno  four

alimentación  alimentation	músculo  muscle
enfermos  malade	hundimiento  naufrage
presenta 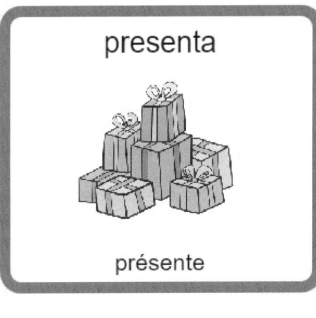 présente	carpintero  charpentier

guirnalda	babero
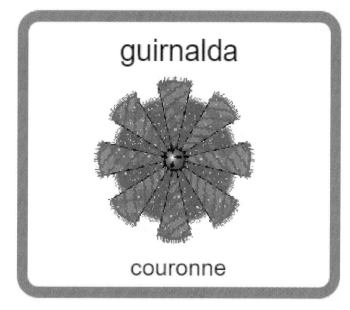	
couronne	bavoir

rosquillas	siesta

beignets	sieste

lavar	maíz
	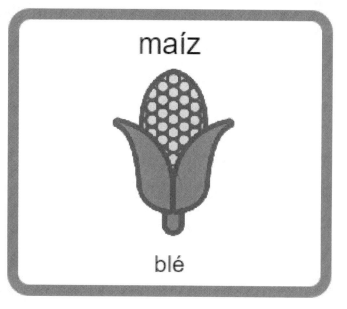
lavage	blé

mamá  maman	camisa 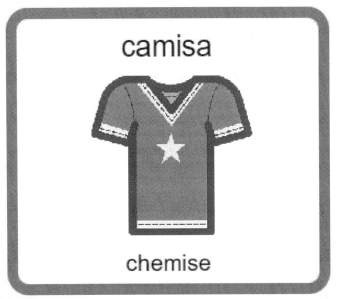 chemise
smoking  smoking	helado  crème glacée
diamante 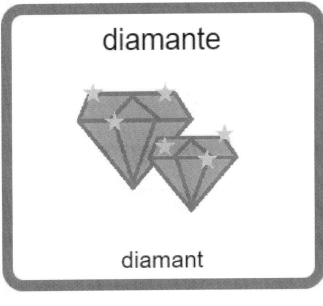 diamant	boda  mariage

hombro  épaule	sopa  soupe
alfombras  tapis	gasolina  de l'essence
delicioso  délicieux	nariz  nez

policía

policier

paloma

pigeon

vendaje

pansement

ramo de flores

bouquet

lengua

langue

cebra

zèbre

adiós  au revoir	mates  math
lacarpa  des tentes	estudiando  étude
gordo  graisse	frambuesa  framboise

pastel	orejas
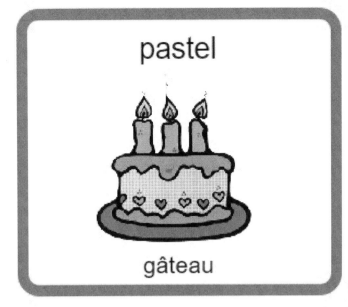	
gâteau	oreilles

barba	peras

barbe	poires

baño	simpático
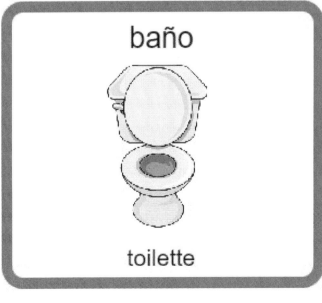	
toilette	amical

bandera	baloncesto
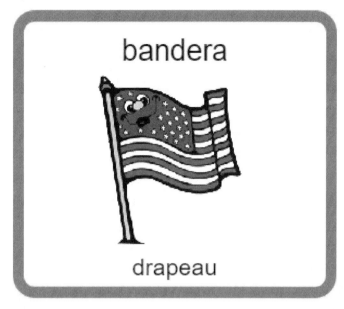	
drapeau	basketball

erizo	regalos

hérisson	cadeaux

molino	tres

moulin à vent	trois

alpinismo  escalade	**shorts**  short
caimán  alligator	**bueno**  bien
jamón  jambon	**granjero**  agriculteur

raqueta  raquette	aburrido  ennuyé
fantasmas  des fantômes	silla 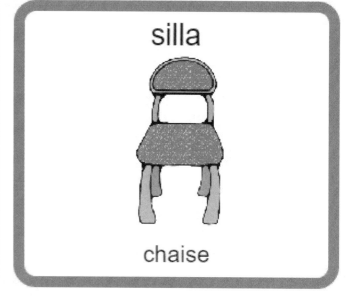 chaise
impresionar  impressionner	ducharse  se doucher

toalla  serviette	bote 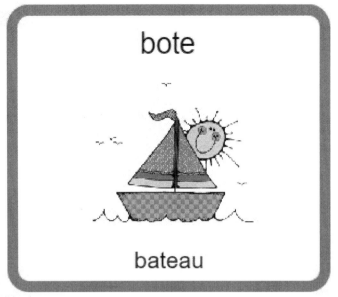 bateau
tumba 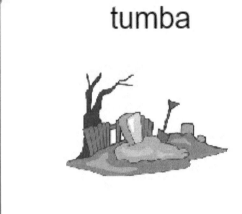 pierre tombale	pulgares  les pouces
rebanar 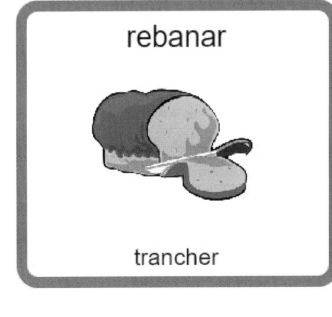 trancher	volcán 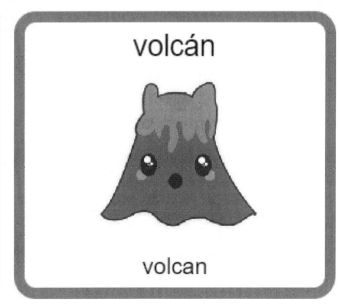 volcan

pulpo  poulpe	hacha  hache
vagón 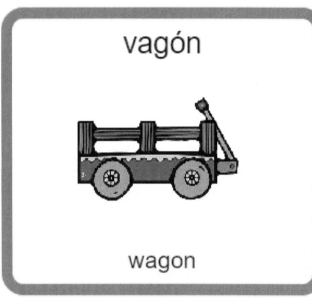 wagon	rojo  rouge
cerca 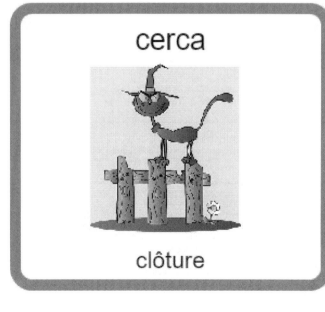 clôture	enseñar 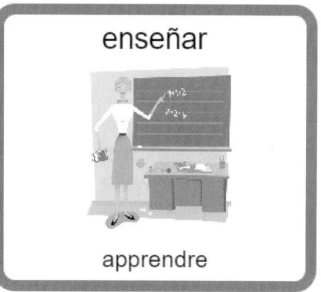 apprendre

ventana	esconder

la fenêtre	cacher

araña	hotel

araignée	un hôtel

enojado	policía

fâché	flic

canto  en chantant	prohibir  interdire
gorila  gorille	trigo  blé
lagartija  lézard	palma  paume

medias 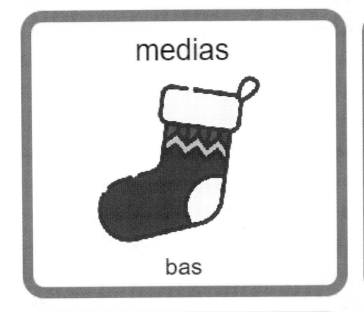 bas	escoba  balai
cinco  cinq	café  café
canguro  kangourou	rastrillo  râteau

verano	conejo

été	lapin

velero	rey
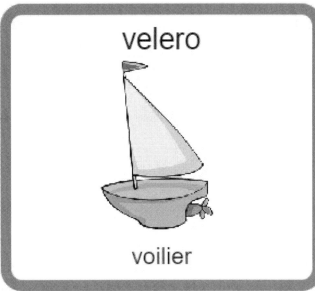	
voilier	roi

basura	que huele

poubelle	odeur

abierto 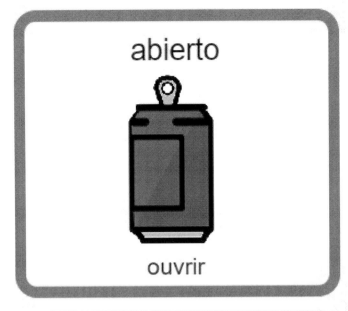 ouvrir	monstruo  monstre
paletas de hielo  glace	feliz  heureux
ayuda  aidez-moi	hilo  fil

trabajando  travail	**familia** 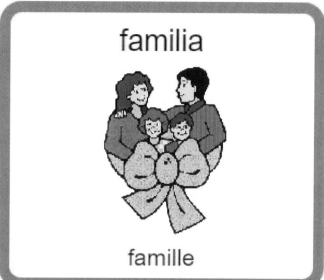 famille
collar 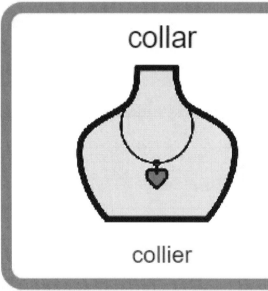 collier	**diente** 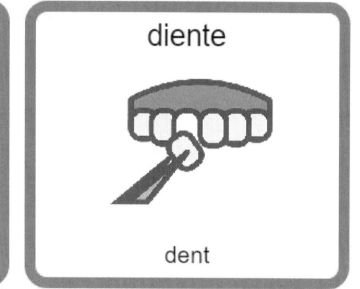 dent
aleta 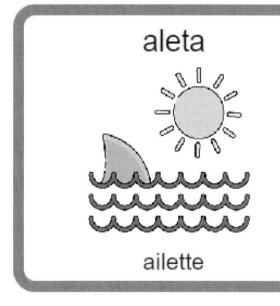 ailette	**pirata**  pirate

camioneta  van	calcetines 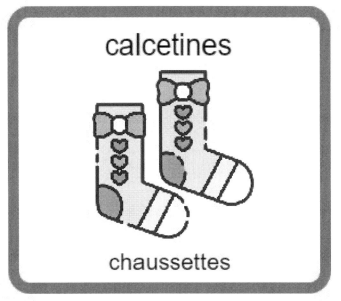 chaussettes
cereza 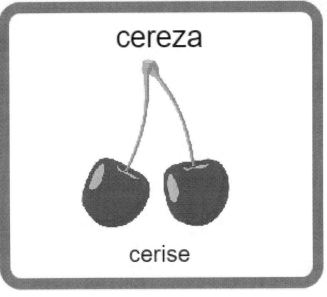 cerise	avión  avion
microscopio 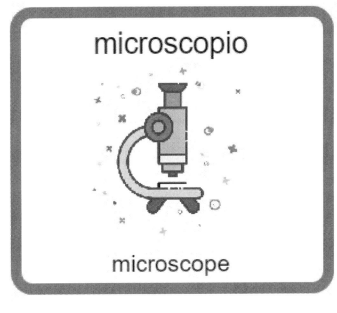 microscope	maní 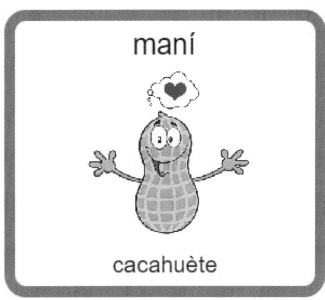 cacahuète

golpear  frappé	animales  animaux
edredones  courtepointes	búho  hibou
noticias  nouvelles	mago  magicien

caminar	motor
	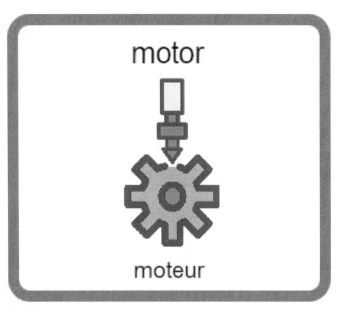
marche	moteur

maceta	otoño
	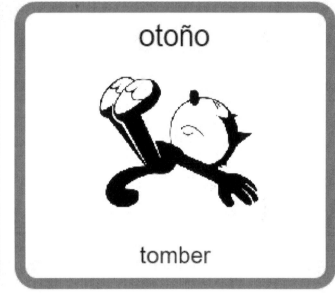
pot	tomber

dormido	avión

dormir	avion

jirafa  girafe	pijama  pyjamas
mirando  regardant	niño  garçon
carne 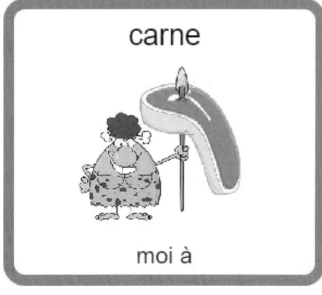 moi à	ocho 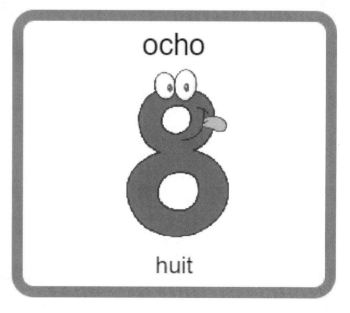 huit

hockey  le hockey	sacos  sacs
nombre  prénom	pato  canard
hombre  homme	orgulloso  fier

morsa  morse	kiwi 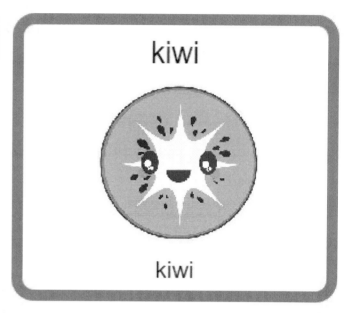 kiwi
fútbol  football	fresco  frais
moscas  mouches	medicina 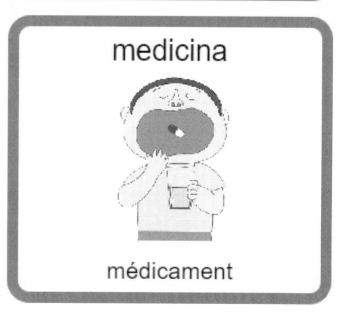 médicament

música  la musique	fábrica  usine
nido  nid	grande  gros
estrella 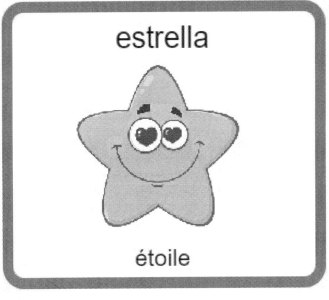 étoile	pez 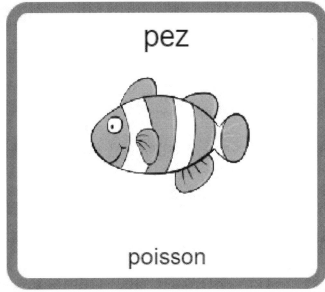 poisson

reloj 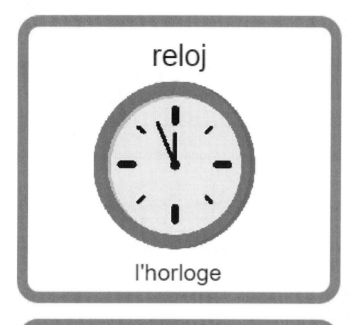 l'horloge	pepino  concombre
tetera  théière	puntos  points
pagoda 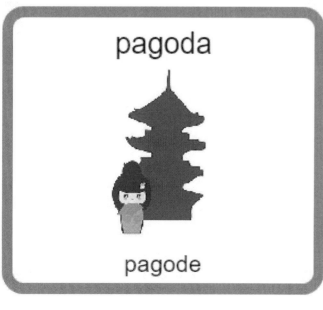 pagode	rana  la grenouille

doctor  médecin	leche 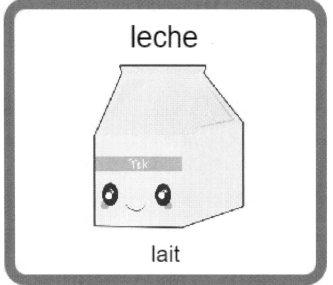 lait
seis  six	limpiando 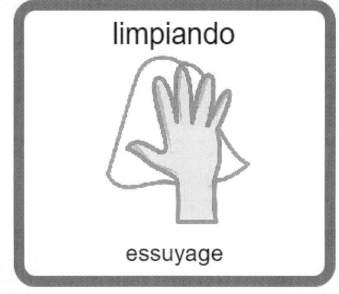 essuyage
iguana  iguane	político  politicien

ciruela 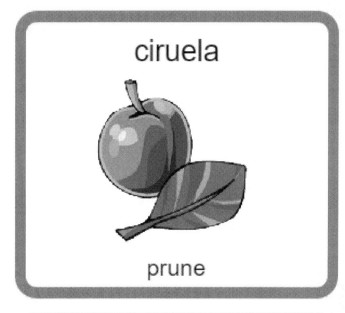 prune	danza  danse
hipopótamo  hippopotame	pizarra  tableau noir
rata 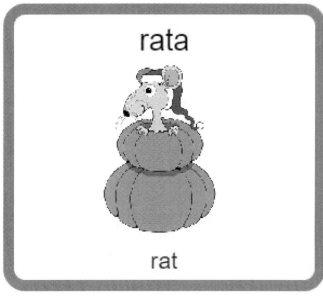 rat	pollo 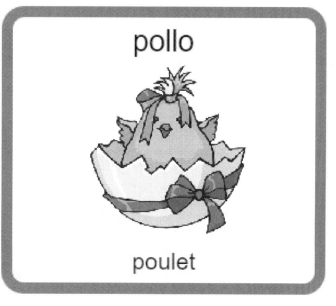 poulet

tiburón  requin	palos  des bâtons
colina  colline	zapatos  des chaussures
cuenco  bol	bombilla  ampoule

cortinas 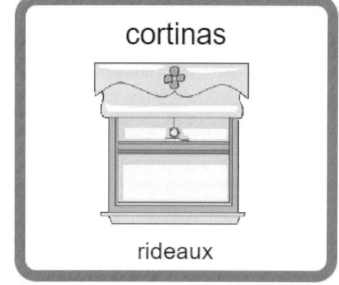 rideaux	castillo 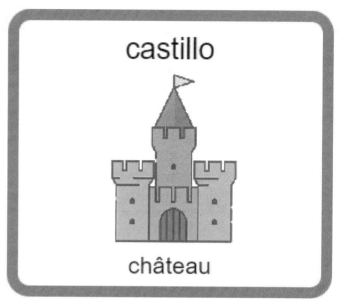 château
seta  champignon	codorniz  caille
paracaídas 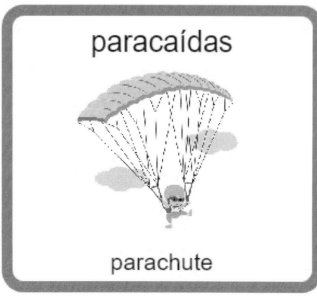 parachute	triste  triste

caramelo 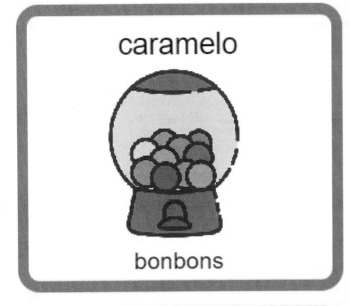 bonbons	melocotón  pêche
guepardo  guépard	luna  lune
maleta 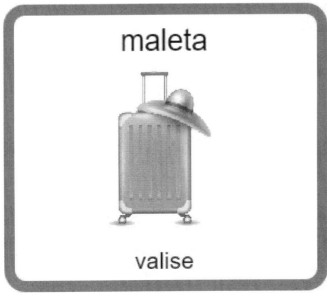 valise	tierra 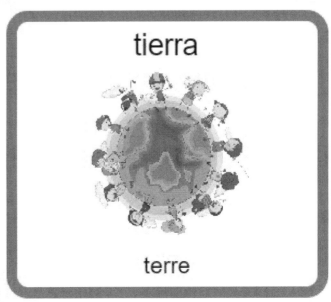 terre

loto	polvo
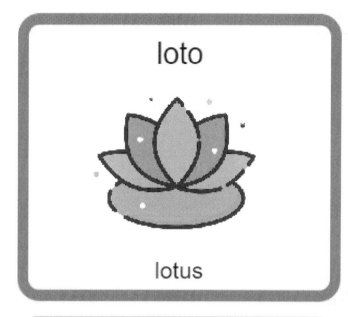	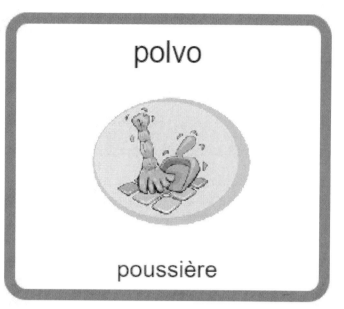
lotus	poussière

brújula	sofá
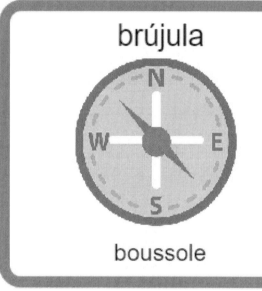	
boussole	canapé

anillo	zorro
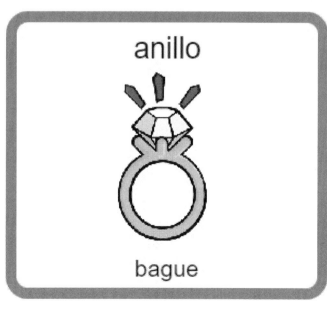	
bague	renard

maletín 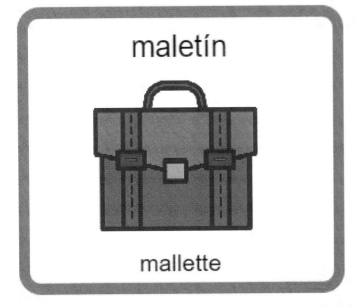 mallette	boxeo  boxe
gusano  ver	bebé  bébé
loro  perroquet	perrito  chiot

radio 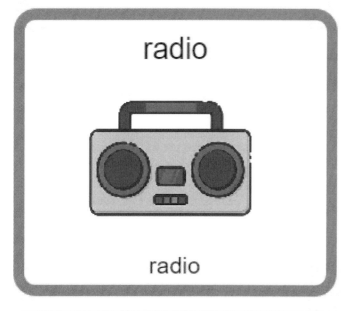 radio	sentar  asseoir
pavo  dinde	piña  ananas
trapeadores 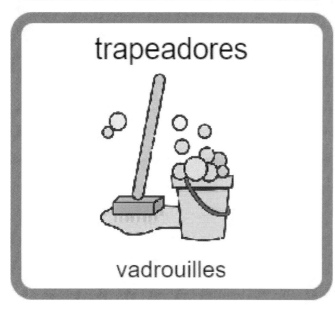 vadrouilles	bicicleta  vélo

cámara 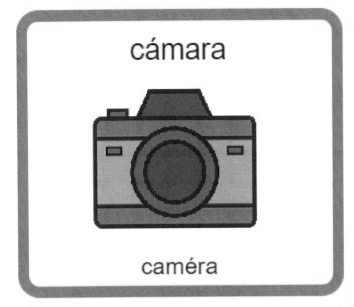 caméra	oval 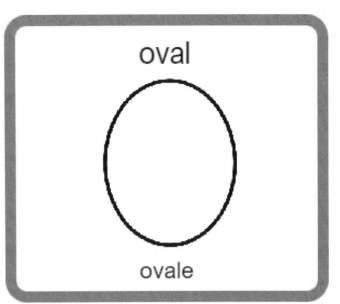 ovale
yak  yak	barbero  coiffeur
panda  panda	mendigar  mendier

poderoso  puissant	mano 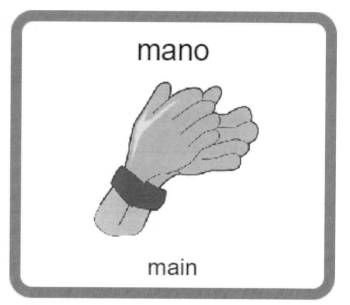 main
lluvia  pluie	serpiente  serpent
béisbol  base-ball	tranquilo  silencieux

elefante	trenes
	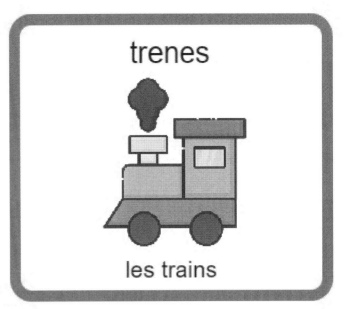
l'éléphant	les trains

ganar	almohada
	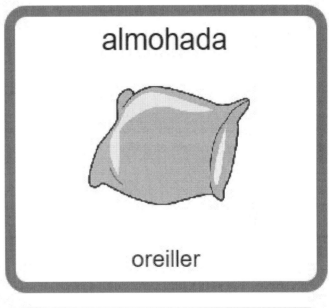
gagner	oreiller

guitarra	agresivo

guitare	agressif

pan  la poêle	playa  plage
avestruz  autruche	picar  grignoter
cabeza  tête	ladrillo  brique

micrófono  microphone	florero 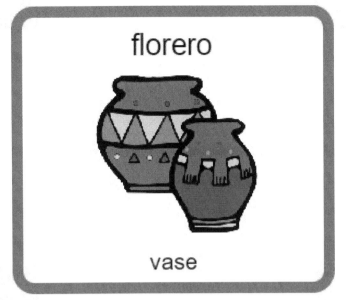 vase
espejo  miroir	iglú  iglou
infeliz 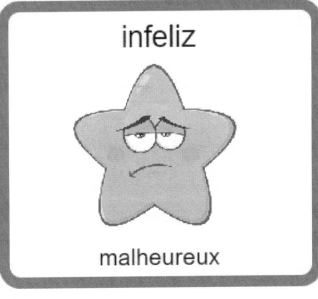 malheureux	zanahoria 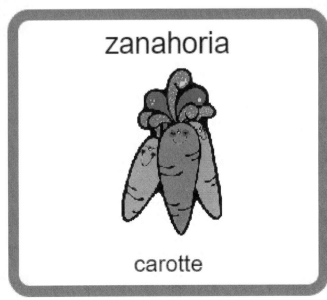 carotte

cinturón 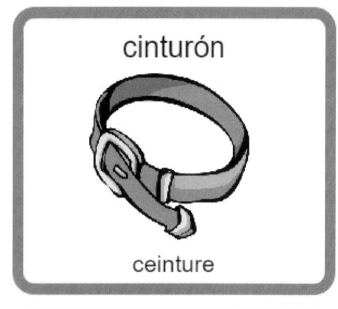 ceinture	meneo  remuer
llorar  cri	chaleco  gilet
charco 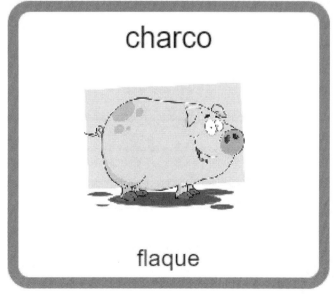 flaque	casa 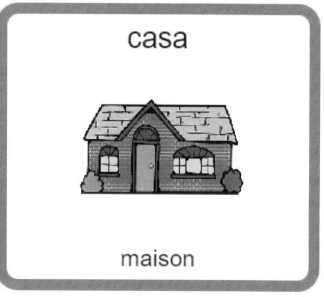 maison

medicación  médication	máscara  masque
calculadora 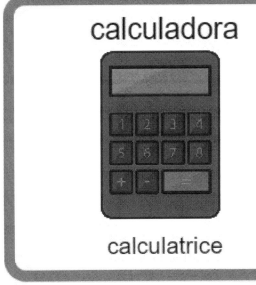 calculatrice	regla  règle
copo de nieve  neige	uva 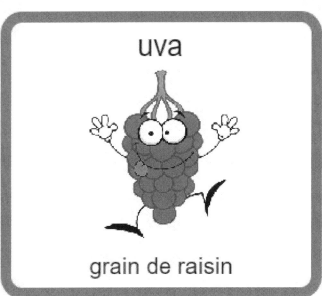 grain de raisin

jugo  jus	yogur  yaourt
mono  singe	cocina  cuisine
cerdo  porc	sangre 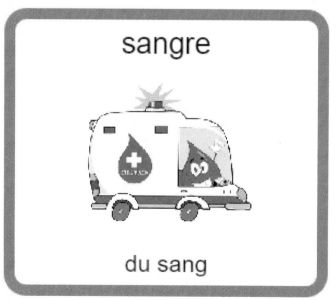 du sang

navidad  noël	**masajes** 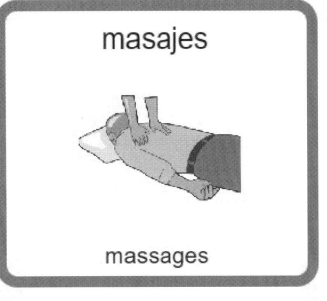 massages
alfabetos  alphabets	**equitación**  équitation
empanadas  tartes	**guantes** 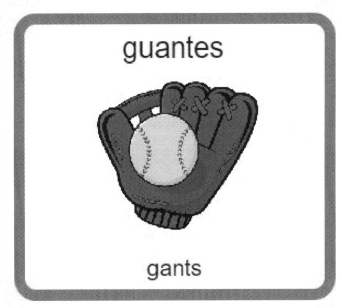 gants

levántate

se lever

dedo

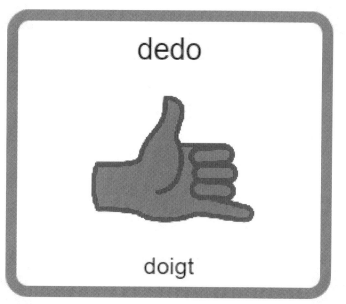

doigt

botas

bottes

canción

chanson

tigre

tigre

trotar

le jogging

bufanda	tintas

écharpe	encres

siete	un pan

sept	pain

barbilla	cremallera
	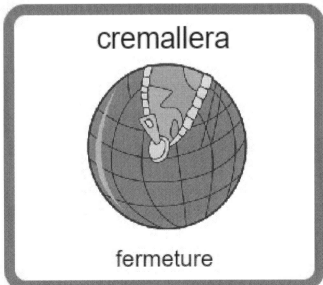
menton	fermeture

hielo	león

la glace	lion

cortador	violín
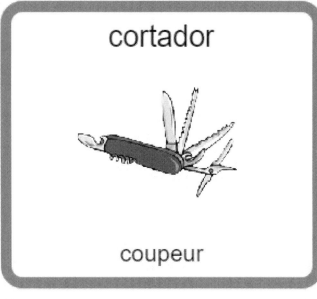	
coupeur	violon

yegua	hermano

jument	frère

escritura  l'écriture	celebrar  célébrer
vegetales  des légumes	lanzamiento  lancement
aptitud  aptitude	domar  apprivoiser

Manufactured by Amazon.ca
Bolton, ON